janine amos

¿Cómo afecta la

anorexia

en el cuerpo&mente

de Kim?

EVEREST

Título original: *Why Won't Kim Eat?*
Traducción: Alberto Jiménez Rioja

First published by Cherrytree Books (a member of the Evans Publishing Group)
2A Portman Mansions, Chiltern Street, London W1U 6NR, United Kingdom
Copyright © Evans Brothers Limited 2002
This edition published under licence from Evans Brothers Limited
All rights reserved

© EDITORIAL EVEREST, S. A.
Carretera León-La Coruña, km 5 - LEÓN
ISBN: 84-241-8706-7
Depósito legal: LE. 21-2004
Printed in Spain - Impreso en España

EDITORIAL EVERGRÁFICAS, S. L.
Carretera León-La Coruña, km 5
LEÓN (España)
Atención al cliente: 902 123 400
www.everest.es

Agradecimientos:
Fotografía: David Simson
Diseño: Keith Williams
Trabajo artístico: Fred van Deelen
Consulta: Dr. Gillian Rice

**Todos los personajes que
aparecen en este libro son
ficiticios y están representados
por modelos.**

El editor agradece el permiso para
reproducir las siguientes fotografías a:
Popperfoto/Reuters 7, 25, 31;
Welcome Trust Photo Library 17.

roducción

La salud es un bien precioso del que sólo tenemos conciencia cuando nos falta. Mientras se es joven nunca se piensa en que se puede ser candidato a tener una enfermedad.

No es fácil gozar de las cosas buenas que nos rodean y conseguir que nuestras cualidades físicas, psíquicas y sociales se potencien al máximo si nuestro cuerpo no se encuentra en las mejores condiciones posibles.

En el mundo actual se ha multiplicado la presencia en el mercado de numerosas "ayudas" milagrosas -píldoras, cremas, masajes, etc.- que parecen resolver todo sin ningún esfuerzo, de forma sencilla y rápida.

Todas las personas aspiramos a tener una imagen y una actitud social que nos haga sentir integrados en nuestros círculos sociales y familiares, pero este deseo no justifica que pongamos en peligro nuestra salud creándonos problemas para los que la solución no siempre es fácil.

La colección **cuerpo&mente** reúne información rigurosa y objetiva acerca de algunas de las cuestiones que comienzan a ser importantes para conseguir tus objetivos de reconocimiento y éxito personal y social. Todos los temas se tratan con un lenguaje claro, evitando juicios de valor y retratando situaciones reales y próximas, "historias de la vida", con las que puedas identificarte y sentirte tratado con respeto.

Conocer tu cuerpo y las presiones sociales a las que te enfrentas te ayudará a tener una visión crítica de los mensajes que prometen logros de dudosa credibilidad, y te hará tomar decisiones acertadas en situaciones difíciles.

Prevenir las enfermedades y tener un mejor conocimiento de lo que significa estar sano, constituyen los instrumentos más eficaces y valiosos para conseguir el bienestar, en el más amplio sentido. Aunque con el paso de los años se ha conseguido prolongar la vida de las personas, como dice la Organización Mundial de la Salud, **"No basta con dar años a la vida, sino vida a los años"**.

Merece la pena hacer el esfuerzo por desarrollar la capacidad de elección ante el abanico de posibilidades, beneficiosas unas y peligrosas otras, que la sociedad en la que vivimos te ofrece.

Consuelo López Nomdedeu
Especialista en Educación Sanitaria
Profesora de la Escuela Nacional de Sanidad

¿Cómo afecta la anorexia
en el **cuerpo&mente**
de Kim?

contenidos

un mundo delgado

Es sábado por la tarde y Clara está en casa de su amiga Kim.

—¡Venga, Kim! Deja los libros de una vez. ¡Es fin de semana! —dice Clara.

—Vale —responde Kim—. Sólo quería ver los deberes de matemáticas. Seguro que no voy a entender todas las preguntas.

—¡Pero tú eres muy buena en mates! Olvídate del colegio un ratito —contesta Clara—. ¿Vamos de tiendas?

De camino al pueblo las dos muchachas hablan de la hermana mayor de Kim, Ángela. Se casa en primavera.

—Será una boda como las de las revistas. ¿No estás nerviosa? —pregunta Clara.

—Voy a echar de menos a Ángela, va a ser muy raro no tenerla en casa —asiente Kim tristemente mientras las chicas se dirigen hacia su tienda de ropa favorita.

—¿Qué te parece esto? —pregunta Kim enseñándole a Clara un top estrechísimo—: quedaría bien con mis vaqueros nuevos.

—¡Tienes que estar en los huesos para llevar eso! —responde Clara.

—Quizá haga

El mundo de la moda actual identifica frecuentemente "delgado" con "bello"

Dietas de adelgazamiento

Un régimen de adelgazamiento significa comer menos de lo que se necesita para perder peso. Las dietas son muy habituales en la actualidad. Personas de todas las constituciones y pesos intentan ser más delgadas; muchas creen que tienen sobrepeso cuando no es así.

Las modelos de alta costura y los personajes televisivos suelen ser delgados. La prensa, la televisión y el cine parecen decir continuamente que "lo delgado es bueno". Todos los días se gastan grandes sumas de dinero en anunciar productos de adelgazamiento y alimentos bajos en calorías.

Durante los años cincuenta, las actrices curvilíneas eran las figuras femeninas ideales; hoy sin embargo muchas actrices y modelos son extremadamente delgadas. Las modas van cambiando y podrían volver a cambiar mañana.

régimen -contesta Kim.

Como de costumbre, Carol, la madre de Kim, sólo toma ensalada.

—¡Me sobran unos kilitos! —se ríe.

Después de comer, todos se sientan en torno a la mesa haciendo planes para la boda.

Kim está preocupada por sus deberes y dice cogiendo su mochila:

—Voy a terminar mis mates.

Cuando Kim va a salir, su padre, Juan, la mira y con una sonrisa le toma el pelo:

—¡Guau!, Kim, ¡vaya vaqueros más ceñidos que llevas! ¡No puedes engordar ni un gramo antes del gran día de Ángela!

"Vale. ¡Ha llegado el momento de ponerme a régimen!", se dice a sí misma.

8

Más tarde a Kim le apetece comer algo. Cuando pasa por el salón oye que Carol y Juan hablan: parece como si su madre estuviera llorando. Kim se queda a escuchar.

—¿Qué vamos a hacer? —solloza Carol—: Ángela se va, y dentro de algunos años le tocará a Kim.

¡Nos vamos a quedar tan solos tú y yo!

Kim siente los latidos fuertes de su corazón; se da la vuelta y vuelve a su dormitorio.

"No te preocupes, mamá", piensa Kim, "todavía voy a estar aquí algunos años".

Kim lo dice con

la comida que toma Kim llega a su estómago

estómago

la comida pasa del estómago de Kim a su intestino delgado

los restos de comida pasan al intestino grueso donde se compactan; de ahí salen al exterior en forma de heces

la comida en el cuerpo

Cuando Kim tiene hambre, come. Después de tragar la comida, los músculos del esófago y la gravedad los llevan hasta el estómago; a ello ayuda el líquido que Kim bebe. Cuando la comida ha estado en el estómago de Kim un tiempo, que va de dos a cinco horas, pasa a su intestino delgado.

Aquí unas potentes sustancias químicas, las enzimas, y un líquido, la bilis, modifican los alimentos y los fragmentan para que el cuerpo pueda utilizarlos. Este proceso se llama digestión. Cuando el alimento ha sido digerido puede atravesar las paredes del intestino delgado y pasar al torrente sanguíneo. Los residuos salen en forma de heces cuando Kim va al baño.

Los alimentos se componen de diferentes partes o nutrientes. Éstos pasan a la sangre y de ahí se distribuyen para que el cuerpo reciba energía, crezca y se mantenga sano.

alegría pero se siente triste y ansiosa por dentro.

9

El miércoles, la profesora de Kim le devuelve su trabajo.

Kim ha cometido un error: se siente fatal, muy enfadada.

—¡Sabía que lo había hecho bien! —exclama Kim cuando la clase termina.

Clara intenta animarla y le dice:
—¡Yo he tenido seis preguntas mal, no es el fin del mundo!

Pero Kim está muy dolida consigo misma y cierra el libro de mates de golpe. Tres de sus compañeros se vuelven a mirarla.

—¡Tranquila, gordi! —le dice uno de ellos—: ¡échanos una sonrisita!

A la hora del almuerzo las chicas se sientan juntas. Kim tiene la cabeza baja.

—¿No seguirás preocupada por el trabajo de mates, verdad? —le pregunta Clara.

Kim suspira y contesta tristemente:
—Es todo. Últimamente todo va mal. Ojalá Ángela no se fuera de casa; me gustaría que todo siguiera como siempre.

Clara abre una bolsa de patatas y le ofrece a Kim.

—No, gracias —dice Kim, mordisqueando una zanahoria—: estoy a régimen hasta la boda de Ángela; quiero entrar en una talla 38. ¡Nadie me va a llamar gordi de nuevo!

Clara ve a Kim tirar sus sándwiches a la papelera.

Los carbohidratos, como el pan y las patatas, le suministran energía a Kim ___

Las grasas que hay en alimentos como la leche, el queso y los huevos, ayudan a que el cuerpo de Kim se mantenga caliente ___

la importancia de la comida

Los nutrientes que el cuerpo de Kim necesita son las proteínas, grasas, carbohidratos, vitaminas y minerales. Kim obtiene estos nutrientes de los alimentos que come; a cada nutriente le corresponde una función determinada.

Las proteínas están en alimentos como el pescado, la carne, los frutos secos, las judías, el queso y los huevos. Ayudan a desarrollar el cuerpo de Kim. Sus huesos, músculos y piel se componen sobre todo de proteínas. Le dan energía y ayudan a que se cure cuando sufre algún percance.

Las grasas están en muchos alimentos: la mantequilla, el aceite, el queso, la leche, la carne, los frutos secos, etc. Ayudan a mantener la temperatura corporal de Kim. Son necesarias para que ciertas vitaminas realicen su función.

Las proteínas que se encuentran en la carne y el pescado ayudan a que el cuerpo de Kim se desarrolle

Los carbohidratos, que están en el pan, los cereales, el arroz, la pasta y las patatas, aportan gran parte de la energía que el cuerpo de Kim necesita. La fibra es la parte que no puede digerirse; ayuda a que los alimentos se muevan a través del intestino.

También necesita vitaminas y minerales para funcionar adecuadamente y para crecer.

11

los efectos de

A la hora de la comida come toda la ensalada que puede y, como Carol, no toma pan ni patatas. Para no pensar en la comida, se va a su habitación para trabajar un poco más en las materias de clase.

—Ven a ver la tele conmigo —dice Carol una tarde. Kim se acuerda de los buenos tiempos cuando se tiraba en el sofá con Ángela, comiendo snacks mientras veían su serie favorita. Pero Ángela está ahora con su novio, Luis. Kim sacude la cabeza.

—Tengo demasiado que hacer —le dice a Carol y coge su mochila.

En su habitación Kim intenta trabajar pero no puede dejar de pensar en la comida; le duele la cabeza.

El viernes, Kim se va de compras con Ángela y Carol. Quieren elegir el vestido que Kim va a llevar en la boda.

Se prueba una falda ceñida: es una talla 38 y la cremallera sube fácilmente. Sale del probador descalza y desfila frente a Carol y Ángela.

—¡Estás fenomenal! —le dicen.

—Tienes una figur

12

Esta pirámide, llamada pirámide alimentaria, muestra qué cantidad de un determinado alimento es saludable comer. Los carbohidratos, la fruta y los vegetales están en la parte baja de la pirámide porque son los alimentos que más falta te hacen. Los aceites y las grasas están en la parte superior porque necesitas pequeñas cantidades.

las dietas

El régimen y el cuerpo

Cuando el cuerpo de Kim necesita comida, determinadas sustancias químicas comunican a su cerebro la sensación de hambre. Éste envía mensajes a otras partes del cuerpo a fin de prepararlas para la siguiente comida. Su boca se llena de saliva y sus jugos gástricos se preparan para actuar. Si Kim no come, o come poco, su cerebro continúa enviando mensajes del tipo "hora de comer" y segregando las sustancias químicas que producen la sensación de hambre. Por la mente de Kim pasan imágenes de bocadillos y de tostadas con mantequilla. Su cerebro hambriento no deja de recordarle ni un instante que tiene que comer.

Como todo el que sigue un régimen estricto, Kim siente los efectos de comer poco: está cansada y es incapaz de concentrarse. A corto plazo el régimen le hace sentirse incómoda; a largo plazo puede privarla de algún nutriente necesario para su cuerpo.

13

¿Qué es una caloría?

Es una unidad de energía: todo lo que comes tiene calorías. Tu cuerpo las utiliza para todo lo que hace: respirar, digerir comida, dormir incluso. Estás quemando calorías sólo por leer este libro.

estupenda -dice la dependienta. Kim se siente muy halagada.

Kim se mira en el espejo de su habitación. Estudia su cuerpo y frunce el ceño.

"Mi trasero todavía está gordo", piensa.

Va a pesarse a la báscula del baño.

"Tengo que perder un poco más de peso", se dice Kim con determinación.

Durante las siguientes semanas reduce su desayuno. Muchos días sólo toma una tostada con margarina baja en calorías; ha dejado de tomar leche con su café.

Cuando come con su familia, a Kim le entra pánico al pensar en enfrentarse a un plato lleno de comida y sólo picotea un poco. Algunos días, cuando los demás no se dan cuenta, tira su comida a la basura.

Aunque come muy poco, ha empezado a cocinar para su familia. Esta noche ha preparado una lasaña. Cuando la está preparando, unos hilos de queso han caído en la encimera. Las tripas de Kim hacen ruido y lo que más desea es meterse ese queso en la boca.

"No", se dice. "Ya estás demasiado gorda".

En la mesa, sirve a todo el mundo una buena ración de lasaña: ella se pone sólo unas verduras.

—¡Mmm, delicioso! —dice Carol—: está repleta de calorías, pero ¡vale la pena saltarse el régimen! ¿Y tú, no la pruebas?

—He picoteado todo el rato en la cocina. ¡Estoy llena! —miente Kim mientras los demás cenan.

Kim no ha hecho una

¿qué es un trastorno alimentario?

El régimen de Kim se está convirtiendo en algo distinto: está empezando a desarrollar un trastorno alimentario. La gente que padece trastornos alimentarios come poquísimo o demasiado. Hay muchas razones por las que puede desarrollarse una patología de este tipo: aparece en personas tristes, enfadadas o muy confundidas sobre sus vidas o alguna parte de ellas. Usan la comida para hacer soportable una existencia que creen que no pueden controlar.

Los trastornos alimentarios no están causados por las dietas: aunque pueden empezar con un régimen, no tienen nada que ver con la comida; suelen estar relacionados con el intento fallido de solucionar algunos problemas propios de la adolescencia.

15

comida completa en semanas.

Clara se encuentra con Kim un día, después del colegio.

—¡Casi ya no te veo! —se queja Clara—: siempre estás ocupada con algo. ¡Se supone que somos amigas!

—¡Pues búscate otra amiga! —responde Kim secamente, dejando a Clara y yéndose a casa. Tiembla bajo el sol primaveral. Últimanente casi siempre tiene frío.

—¿No vienes al entrenamiento de tenis? —pregunta Clara.

—He dejado el equipo —responde Kim—: el entrenador dijo que no había problema.

Clara está preocupada por su amiga. Rodea con un brazo los hombros de Kim.

—Kim, ¡has adelgazado muchísimo! —exclama; está atónita ante lo huesuda que se ha vuelto su amiga, y añade—: ¿Sabe tu madre que no te comes el almuerzo?

—¡Estoy GORDA, y además no es asunto tuyo! —grita Kim empezando a llorar.

Huye corrienc

El trastorno alimentario que está desarrollando Kim se llama anorexia nerviosa. Las personas que la sufren comen tan poco que se matan literalmente de hambre. A veces se provocan vómitos después de comer. Perder peso es lo único que sienten que controlan. Con el trastorno alimentario, muchas cosas van cambiando en ella y, en especial, en su mente. Kim tiene unas relaciones furtivas con la comida. Sólo come ciertos alimentos y, a menudo, en un orden determinado. Está muy por debajo de su peso, pero su mente le dice que está gorda.

Su cuerpo experimenta otros cambios. Una sustancia química llamada adrenalina, que producen sus cápsulas suprarrenales, llega al cerebro de Kim: debido a ello se vuelve muy activa y se siente enérgica y poderosa. Es parecido a consumir una droga. Mientras más ayuna, más necesita hacerlo para obtener la misma sensación. Como no come lo suficiente, su digestión se ha hecho más lenta. Está estreñida y siente su vientre tenso e hinchado.

¿qué es la anorexia?

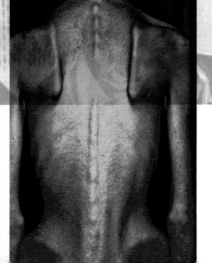

Los casos extremos de anorexia nerviosa pueden provocar la muerte.

mientras Clara ira cómo se aleja.

Al no ingerir la grasa suficiente para mantener su temperatura corporal, Kim siente frío. El cerebro tiene más dificultad para concentrarse: se le empieza a hacer difícil leer, mantener una conversación o incluso dormir. La enfermedad le hace sentirse triste y sola. Su único propósito es perder más peso.

—¡Estás tan gorda!
—solloza mientras se mira.

Kim busca todo tipo de razones para no comer con su familia. Pero hoy Carol y Juan insisten en que se siente con ellos a la mesa.

—Hoy comemos todos juntos. ¡Nada de excusas! —dice su padre—: te vemos poco últimamente, Kim.

—Y estás adelgazando muchísimo —dice su madre mirándola fijamente.

"¡Dejadme en paz!", piensa.

Los bocados parecen no querer pasar por su garganta. Corta la comida en trocitos y los pasea por el plato. Siente un ataque de pánico: no puede comer más.

—Almorcé demasiado. Estoy llena —dice apartando su plato y levantándose.

En vez de jugar al tenis con el equipo, Kim empieza a correr sola.

Corre todas las tardes, después del colegio. Primero se pesa en la báscula del baño y luego da cinco vueltas al parque. Cuando vuelve a casa se pesa de nuevo antes de hacer sus ejercicios de abdominales. Uno y uno y uno más hasta que se agota.

"¡A quemar calorías, Kim!", susurra.

Le duele el cuerpo pero siente su cerebro como si flotara. Kim vuelve al espejo una y otra vez.

Más tarde, en su

Quemar energía

El ejercicio que Kim hace es parte de su esfuerzo para perder peso. Al mover sus músculos, éstos queman más energía. Cuando Kim corre, sus músculos utilizan al menos veinte veces más energía que

Mientras Kim hace ejercicio, unas sustancias químicas llamadas endorfinas pasan a su sangre y de ahí a todo su cuerpo.

ejercicio

lo normal, quemando carbohidratos y grasa almacenada. Los saltos con piernas y brazos extendidos queman todavía mucha más.

Y ocurren otras cosas: mientras Kim hace un ejercicio prolongado e intenso, unas sustancias químicas llamadas endorfinas (los analgésicos naturales del cuerpo) pasan a

su torrente sanguíneo. Las endorfinas atenúan los dolores musculares y le permiten ejercitarse durante más y más tiempo; también le suministran una intensa sensación de bienestar. Esto se combina con la potente sensación de control sobre su cuerpo que el ejercicio le otorga. El ejercicio intenso le proporciona tal cantidad de sensaciones placenteras que desea hacer más y más.

cuarto, Kim hace veinte saltos. Se pesa una vez más antes de arrastrarse hasta la cama.

19

El día de la boda de Ángela hace una mañana primaveral.

La casa hierve de actividad y está llena de gente y de flores. Carol está en la cocina, hablando con unos tíos de Kim. En otra habitación, Ángela charla nerviosamente con ésta. Entonces Kim se pone su nuevo vestido: Ángela se detiene en mitad de una frase y se queda mirándola.

—Kim —susurra—, esa ropa te cuelga por todas partes.

En ese momento, Carol entra en la habitación. Carol dice preocupada:
—¡Kim! ¿Cuándo has adelgazado tanto?

Kim está avergonzada, pero satisfecha de sí misma. Carol con el rostro serio añade:

—Lo primero que voy a hacer el lunes es llamar a la doctora para que te dé una cita.

—¿Por qué? —grita Kim—: ¡no me pasa nada! Y tú siempre estás a régimen. Pero yo no puedo hacer nada a derechas, ¿verdad?, nunca soy lo bastante buena.

Kim, llorando, sale rápidamente del cuarto.

—Asegúrate de que la vea esa doctora —dice su tío, enfadado—.

No queremos que

Daños a largo plazo

Kim se siente "colocada" por el ejercicio excesivo que hace; además, al comer tan poco, su sistema está inundado de adrenalina. Ambas cosas le confieren un poderoso sentimiento de control. Si las cosas siguen así, se verá atrapada en un círculo de ayuno, ejercicio y más ayuno, y podría ser incapaz de parar.

La falta de alimento durante cierto tiempo representa un riesgo importante para la salud. Al no comer, se modifican los niveles de las hormonas. En las chicas, esto puede hacer que los pechos no se desarrollen y que sus menstruaciones se detengan o no aparezcan. También los chicos dejarán de crecer y de desarrollarse hasta que la dieta mejore.

El ayuno prolongado hace que el grosor de los huesos disminuya y se rompan fácilmente. Muchas personas que han tenido anorexia padecen problemas óseos.

Sin un suministro adecuado de vitaminas y minerales los riñones tampoco funcionan bien.

Si el cuerpo no recibe suficiente alimento comienza a consumirse: entre otras cosas, rompe la proteína de sus músculos para usarla como combustible, y el corazón es un músculo. Quienes sufren anorexia corren peligro de debilitar sus corazones e incluso pueden morir de un ataque cardiaco.

consumiéndose

se muera de hambre.

Los adultos y los niños necesitan determinada cantidad de calorías para estar sanos

2500   2000   1800

estoy bien

El lunes, la profesora le pide a Kim que se quede un momento.

Cierra la puerta de la clase.

—Clara ha venido a verme —dice la profesora—. Está muy preocupada por ti: me ha dicho que no estás comiendo adecuadamente.

Kim se siente furiosa: ¡se supone que Clara es su amiga!

—¡Estoy bien! —dice Kim mirando enfadada a la profesora.

—Has perdido muchísimo peso —continúa ésta—: yo también estoy preocupada, creo que te debería ver un médico.

—Mi madre ya ha pedido hora —responde Kim y se vuelve con intención de irse.

—¿Te pasa algo? ¿Puedo ayudar? —pregunta la profesora. De repente Kim quiere hablar. Le cuenta a su profesora lo difícil que encuentra las mates ese año.

Le dice lo del chico que la llamó GORDI. Le explica lo gorda que se siente.

—Tengo tanto miedo —susurra Kim.

—Tu familia y tus amigos te quieren por lo que eres, no por las notas que saques o lo delgada que estés. Te puedo ayudar en mates lo que quieras, pero si cometes algún error de vez en cuando no es el fin del mundo —responde la profesora con calma—.

Venga, prométeme

estás bien

Las presiones de crecer

La profesora de Kim le dice que está bien tal y como es. Para algunos jóvenes las exigencias del crecimiento son demasiado grandes. Como Kim, a veces pierden la confianza en sí mismos y empiezan a pensar que lo único que controlan es lo que comen. Entonces se juzgan a sí mismos en razón de lo que han comido y de cuánto peso han perdido.

Kim necesita tener claro que le gusta a la gente por lo que es por dentro. Además, debe aprender también a gustarse a sí misma.

Si tu confianza está baja puedes mejorar tus sentimientos hacia ti mismo. Recuerda, nadie es bueno en todo; intenta algo nuevo. Los deportes son una buena forma de relacionarte con los demás y de mantenerte sano. Puedes intentar el baile, el teatro o el trabajo cívico. Mira en la prensa local, en la biblioteca o en internet para enterarte de las actividades que hay en tu localidad.

Si te sientes preocupado díselo a alguien. Si no puedes hablar con tus padres habla con un profesor u otro adulto en el que confíes.

que verás al médico, ¿de acuerdo? Kim asiente.

Los jóvenes soportan muchas presiones. Comienzan a tener el aspecto de adultos, y a sentirse como tales, pero sus padres los tratan a veces como a niños. Además están las posibles tensiones de un nuevo colegio, los exámenes y la elección de una carrera. No es de extrañar que se sientan atemorizados y confusos.

Cuando estás creciendo y desarrollándote, tu cuerpo puede resultar desmañado o extraño: es normal. Necesita un tiempo hasta adquirir su forma definitiva. Puedes ayudarlo comiendo bien y haciendo ejercicio.

23

Se siente atemorizada y ansiosa. La doctora la mide y la pesa. Se vuelve hacia a ella y le dice:

—Para una chica de tu edad estás baja de peso. Tienes que comer más sensatamente. También me preocupa que no ingieras todas las vitaminas y minerales que necesitas.

La doctora le pide a Kim que vuelva a verla dentro de dos semanas.

—No quiero que pierdas ni un gramo más —le dice a Kim con firmeza—. Debes ver a una psicóloga.

La psicóloga es especialista en trastornos alimentarios. Ayudará a Kim escuchándola y hablando con ella; la acompañan sus padres. Al principio está nerviosa y avergonzada. Pero con la psicóloga es fácil hablar. Le pide a Kim que la llame Jenny. Kim le explica cuánto miedo siente por su vida y por engordar. Le dice lo preocupada que está por su rendimiento escolar, y les cuenta a sus padres y a ella lo mucho que va a echar de menos a su hermana. Y Kim se pregunta además qué va a ser de su madre cuando ella también se vaya.

Al día siguiente Kim va a la doctora con Carol.

Hay mucho

Diana, la desaparecida princesa de Gales,
atrajo la atención pública sobre los trastornos alimentarios
cuando confesó su lucha contra la bulimia.

buscar ayuda

Otros desórdenes alimentarios

Otros dos trastornos alimentarios que Jenny trata son la bulimia y la ingesta compulsiva. Como los que padecen anorexia, los que sufren bulimia tienen miedo de engordar, pero éstos experimentan impulsos irrefrenables de comer cada vez más. Degluten grandes cantidades en lapsos muy cortos, sin importar lo que sea ni cómo sepa. Suelen hacerlo en secreto.

Para controlar su peso, se libran de lo que han ingerido vomitándolo. Quienes sufren este trastorno suelen sentir repulsión hacia sí mismos después de cada atracón y acostumbran a castigarse a comer poco, muy poco o nada hasta el atracón siguiente.

La gente que sufre ingesta compulsiva piensa en la comida gran parte del tiempo y se siente incapaz de controlarse. Pueden comer de más en secreto o picar durante todo el día.

Los daños de la bulimia

Quienes sufren bulimia pueden deteriorar su salud. Sus hábitos alimentarios les producen calambres estomacales, estreñimiento y diarreas. Los vómitos repetidos hacen que el ácido procedente del estómago deteriore su aparato digestivo. Pierden además importantes cantidades de minerales necesarios para la salud.

25

e que hablar.
Kim visitará a la psicóloga
varias veces más.

A finales de otoño, Kim vuelve al equipo de tenis. Está hablando con Clara en los vestuarios.

—Qué raro me resulta ponerme esta ropa de nuevo —le dice mientras se viste—: ahora casi me queda bien... debo de haber engordado un poco más esta semana.

Clara la mira seriamente y le dice:
—Por favor no empieces de nuevo.

—No, no, estoy bien —responde Kim —, pero no puedo cambiar de un día para otro, ya sabes. Me resulta muy difícil.

Jenny, la psicóloga, la ha estado visitando todas las semanas desde el verano. Le ha explicado que puede pasar mucho tiempo antes de que consiga relajarse de verdad con respecto a su peso. Kim ha ganado confianza: le ayuda hablar de sus problemas con Jenny. Cuando algo la agobia sabe que puede comentarlo también con la profesora.

Justo en ese momento aparece ella. Está sonriendo.

—¡Me alegra tanto que hayas vuelto al equipo, Kim! —dice la profesora.

—¡Es estupendo habe

Las necesidades del crecimiento

Cuando se es joven se crece deprisa, así que se necesita más energía y mayores cantidades de determinados nutrientes que un adulto.

ponerse mejor

Durante la adolescencia, un mineral, el hierro, es muy importante para el desarrollo de los músculos y el crecimiento general. Si no ingieres el hierro suficiente con tu dieta, empezarás a sentirte débil y cansado.

Una buena costumbre es tomar en el desayuno cereales con hierro añadido (también puedes tomarlos para picar algo si no te apetecen en el desayuno). Conviene tomarlos con un vaso de zumo de fruta

que tenga vitamina C, lo que ayuda a tu cuerpo a absorber el hierro. Como tus huesos están creciendo increíblemente rápido necesitas mucho más calcio que el que necesitan tus padres. Puedes obtener este mineral de la leche, el queso, el yogur, el pan, los frutos secos y los vegetales.

vuelto! -dice Kim con sinceridad.

¿Cómo puedes saber si alguien sufre un trastorno alimentario?

Hay muchos signos de que alguien tiene problemas con la comida, aunque aparentemente no los muestre. Hay que estar atento a lo siguiente:

- si esconde o tira la comida
- si come muy poco, demasiado, o se niega a comer
- si se altera mucho cuando alguien pretende que coma
- si hace extrañas combinaciones de comida (por ejemplo dulces y zanahorias) o toma pocos alimentos como yogures desnatados y manzanas, en cada comida
- si se excusa para no comer contigo, o finge que ha comido cuando no lo ha hecho
- si pasa mucho tiempo sola
- si empieza a hacer ejercicio
- si pierde un montón de peso y lleva ropa muy amplia para esconderlo
- si parece estar siempre a régimen, y su peso sube y baja constantemente
- si se mete en el baño después de cada comida

¿Qué hacer si un amigo sufre un trastorno alimentario?

- dile que estás preocupado
- cuéntaselo a un adulto en quien confíes, como un profesor
- hazle saber a tu amigo que sigue siéndolo
- dile que busque ayuda y ofrécete a acompañarle
- no te preocupes si tu amigo se enfada contigo, eso puede ser parte de la enfermedad.

Si crees que tú puedes tene

trastornos alimentarios:
los síntomas

¿Cómo ayudas a un amigo?

Los que sufren trastornos alimentarios tienen que enfrentarse a sus problemas; tienen que querer mejorar. No puedes hacer eso por ellos y es posible que les lleve mucho tiempo; puedes ayudar así:

- comparte tus sentimientos con ellos y escucha si desean compartir los suyos
- intenta no hablar de comida o de peso, en especial de su peso
- no le trates como a un enfermo
- comunícaselo a un adulto en quien confíes

¿Tienes un trastorno alimentario?

Si haces alguna de las siguientes cosas, podrías tener un problema con la comida.

- ¿piensas en comida gran parte del tiempo y sientes pánico de tu peso?
- ¿sientes que la comida es algo que no controlas?

- ¿sientes miedo de comer o crees que no mereces comer?
- ¿te sientes culpable de lo que has comido?
- ¿comes de más en secreto?
- ¿evitas comer?
- ¿vomitas tras la comida?
- ¿mientes respecto a las cantidades que has comido?
- ¿intentas perder peso o no aumentar de peso?

29

n trastorno alimentario, pide ayuda inmediatamente. Habla con un familiar, un profesor o un amigo.

Datos sobre el peso y las dietas.

- Estar delgado no te hace feliz
- Todos necesitamos sobre 1.000 calorías diarias sólo para ser capaces de dormir. Necesitas muchas más para las demás cosas que haces en tu vida cotidiana
- Pesarte cada día no te hace más delgado

- Adelgazar durante la adolescencia no es una buena idea: tu cuerpo está creciendo y cambiando
- Los regímenes te hacen sentirte débil y mareado
- Los regímenes pueden provocarte mal aliento
- Los regímenes pueden provocarte estreñimiento

- Entre el 95 y el 98% de las personas que hacen regímenes recuperan el peso perdido. Aproximadamente el 50% recupera más peso del que ha perdido

Datos sobre trastornos alimentarios

- También los chicos los sufren: sobre el 10% de los pacientes son varones
- Pueden echar a perder tu dentadura y tus encías
- Pueden provocar alopecia
- Los trastornos alimentarios dañan tu cuerpo: las chicas necesitan tener un 15-18% de grasa para desarrollar pechos y tener hijos algún día
- Los cuerpos desnutridos procuran mantener el calor desarrollando una capa de vello fino en la cara, en los hombros y en la espalda
- La anorexia no tratada puede llevar a la muerte

los datos de la salud

Christy Henrich, gimnasta norteamericana cuyo corazón fue debilitándose progresivamente por la anorexia. Murió de un ataque cardiaco a los 22 años.

glosario

anorexia nerviosa: enfermedad que consiste en ayunar hasta perder cantidades peligrosas de peso.

bulimia: consiste en ingerir grandes cantidades de alimentos de una vez y luego librarse de lo que se ha comido vomitando.

caloría: unidad de energía; todo lo que comemos contiene calorías y todo lo que hacemos las quema.

carbohidratos: los almidones y azúcares de los alimentos que te dan energía.

fibra: la parte de los carbohidratos que no puede digerirse, por ejemplo las pieles de patata y parte de las hojas de repollos y berzas. Nuestros cuerpos necesitan la fibra para que el alimento se mueva a través del intestino.

grasas: nutrientes que tu cuerpo necesita para tener energía, calentarse y aprovechar determinadas vitaminas.

minerales: nutrientes que las plantas toman del suelo: cuando comemos estas plantas (ya sea como frutas, hortalizas o vegetales) los nutrientes entran en nuestro cuerpo.

nutrientes: sustancias químicas que se encuentran en los alimentos; nuestros cuerpos las necesitan para crecer, mantenerse sanos y obtener la energía que requieren.

proteínas: nutrientes que nuestros cuerpos necesitan para crecer y repararse.

psicólogo: persona capacitada para tratar enfermedades de la mente o del cuerpo, hablando y escuchando.

trastorno alimentario compulsivo: las personas que sufren este trastorno picotean todo el día, comen de más en secreto y sienten que son incapaces de controlar lo que comen; también se dan atracones.

terapia: el trabajo del psicólogo con sus pacientes.

vitaminas: nutrientes que nuestros cuerpos necesitan en pequeñas cantidades. Hay trece vitaminas.

información adicional

Obtener ayuda

Si tienes un problema con la comida hay personas que pueden ayudarte. Habla con un adulto en el que confíes o telefonea a algunos de los centros que se consignan más abajo. A veces las líneas telefónicas están ocupadas: no abandones, sigue intentándolo.

Asociación en Defensa de la Atención a la Anorexia Nerviosa (ADANER)

C/ Gral. Pardiñas, 3, 11 A
28001 Madrid
Tlf. y Fax: 915 770 261
Horario: L a V de 15 a 20 h
www.adaner.orginfo@adaner.org

Grupo de Apoyo en Anorexia (GRAPA)

C/ Ángel Múgica, 57, bajo
28034 Madrid Tlf.: 649 704 562
grapa@nodo50.org

Asociación para la Prevención y el Tratamiento de los Trastornos de la Conducta Alimentaria (ANTARES)

C/ Gran Capitán, 22-24 posterior
28933 Móstoles
Tlf.: 916 141 068

Federación Española de Asociaciones de Ayuda contra la Anorexia y la Bulimia

Tlf.: 902 116 986
www.acab.org

33

índice

títulos de la colección

¿Qué cambios produciría el **EMBARAZO**
en el **cuerpo&mente** de Elena?

¿Cómo influye el **SOBREPESO**
en el **cuerpo&mente** de Jamal?

¿Cómo afecta la **ANOREXIA**
en el **cuerpo&mente** de Kim?

¿Qué síntomas produce el **ALCOHOL**
en el **cuerpo&mente** de Juan?

¿Cómo afectan las **DROGAS**
en el **cuerpo&mente** de Alejandro?

¿Qué efectos tiene el **TABACO**
en el **cuerpo&mente** de Kate?